JN439038

한봉수 시집

날더러 숲처럼 살라 하네

한봉수 시집
날더러 숲처럼 살라 하네

초판인쇄 2022년 4월 8일
초판발행 2022년 4월 18일

지은이_ 한봉수
삽화_ 한진영
발행인_ 이현자
발행처_ 도서출판 현자

등　록_ 제 2-1884호 (1994.12.26)
주　소_ 서울시 중구 수표로 50-1(을지로3가, 4층)
전　화_ (02) 2278-4239
팩　스_ (02) 2278-4286
E-mail_001hyunja@hanmail.net

값 11,000원

ISBN 978-89-94820-76-7　03810

한봉수 시집

날더러 숲처럼 살라 하네

도서출판 현자

시인의 말

시어는 영혼의 두드림
시는 영혼의 소통疏通

오늘 쓴 내 언어는
내 영혼의 옷감이 되고.
가야 할 내 별의 색깔이 되길.

시어는 생명의 다독임
시는 생명들과 교통交通

오늘 쓴 시 한 편이
누구에게 위로가 되고
때론 작은 징검다리 되어주길.

차례

2부_ 할아버지가 보는 손바닥 창

차례

3부_ 질긴 인연의 파장

4부_ 새로운 궤도를 만든 후

1부

새해에는 날더러 숲처럼 살라 하네

새해에는 날더러 숲처럼 살라 하네

새해에는

날더러
숲처럼 살라 하네

해와 바람과 함께 꽃도 피우고
굽굽이 걸을 길도 내고
계곡에 새들 쉬어가는 물길도 내라 하네

새들과 벌레들 여울 소리 맞추어
온갖 화음이
벌써 눈 쌓인 틈에서 돋는 듯하네

날더러
숲처럼 살라 하네

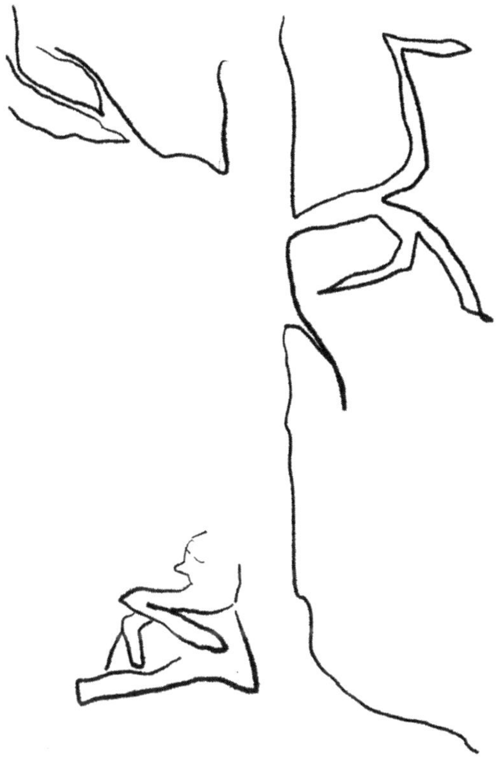

설날

태양의 온기를 기다리는 자에게 우리 봄은 아직 멀다.

먼 바다항로를 찾는 작은 배들이 머물다 가는 섬처럼

겨울나그네에게 쉬어갈 난로같은 쉼터이면 좋겠다.

꽃순을 꼽아보며 언 껍질 뚫고 고개드는 매화같은

희망의 꽃을 키우는 마음에 작은 온실이면 좋겠다.

설레임

설 내음은 설레임

입춘절기가 서두르니
벚나무에 흰 눈꽃이 열렸어요.

꽃향을 기다리다 흰 눈물은 마르고

홍매화 가지에 맺친 어린 꽃망울
얼음 옷에 스며드는 봄비

피어라
피어라
피어라

이른 비에 서두른 고고한 꽃송이
화사한 내음 맞는 설레임.

그리움

목련 어린 꽃망울
눈물 맺히도록
찾아온
비

입춘

청매화 마른 가지 꽃망울
움틀

얼음 깬 잔뿌리 끄터리
꿈틀

덜 깬 개구리 뒷다리
근질근질

두 손

4월 숲길
떨어지는 큰 꽃닢들을 받아내는
참 겸손한 작은 꽃들을 보았다.

겨울을 견디어 낸 씨앗들의 소식과
풋풋한 봄 냄새를
사랑하는 자들에게 보내고 싶다.

이 작은 꽃들처럼
꽃벚나무 밑에 서본다.
벌꿀들 잉잉거리는 끊임없는 날개짓 소리들이
우주의 소리일 수도 있다는 생각도 해본다.

자주괴불주머니풀,
큰개불알풀,
광대나물꽃,
돌양지꽃,
고깔제비꽃 제비꽃 사이로 비켜 걷는다.

여보게, 친구들

강촌이었던가
막 피어난 봄꽃들
강바람 유혹에 넘어가
목젖이 부어오르도록 불태운 청춘

진고개 사십 년 바람은 불고
녹슨 촛대
초 살 아끼듯 등허리 토닥여 주며
곱은 손 녹이려 찾아드는 양지 쪽

날리는 백발
찬 서리 견주며 머리에 쓴 면류관

여보게, 친구들
봄꽃 강바람 스치듯 허허 웃으며
경로 카드 받고 강촌에 가자꾸나.

순천만 아이러니

농게 칠게 짱뚱어
째끼 어미 섞여 놀고
묵은 갈대 이삭 사이로
새로 솟는 갈대롱
섞여 살고 죽고.

담수와 해수가 만나 섞이는 공간
순천만 습지
푸른 숨 쉬어 간다.

그리고 스카이큐브를 타고
트램길15리 가면
국가정원이라 꾸민 순천만정원에는
인위적으로 개량해온
역대 최고 큰 꽃 작약과 모란꽃이
활짝 반긴다.

순천만 아이러니
자연과 인위
하루는 간다.

가을에 서본다

오늘 내린 비로 여름은 막을 내렸다.
양귀비 핏빛으로 누워 버티더니만
마당귀 씻기우 듯 더위는 끝장 봤다.
헤매던 구름은 자리를 잡아가고
맹렬했던 태양도 보다듬고 가야 하는
빛나는 우리의 무대.

그림자가 아름다운 것은 나무에게 배워라

내 뒤에 선 그림자를 생각하라.

오만과 인색함의 그림자가 아니길 바란다면
겸손과 너그러운 그림자가 되길 원한다면
여름철 나무에게 배워라.

그림자가 아름다운 것은 나무에게 배워라.

60대 여인

9월의 소리를 들어 보세요.

여름내 장마에 저항하던 산여울 소리,
양귀비의 뜨거운 이별의 키스 소리,
또다시 피는 개벽이 열리는 소리.

온갖 팡파레로
가을무대를 열어 줄 겁니다.

단풍

그대는 시인의 눈동자.

산골에 내린 꽃.

쏟아지는 빛으로 핀
아,
잔인한 양귀비

바람

새벽녘
자연이 잉태한 붉은 카펫의 실루엣과
만추晩秋태풍
구름 선단 이동을 본다.

지금
부르는 내 노래의 울림과
배롱나무 물드는 이파리
그 귀에 들리는 영혼의 속삭임.

해안선
파도에 부딪쳐 떨고 있는 햇무리와
바닷새들의
바람을 타는 유연한 몸짓.

수채화 같은
허공에 흰 구름 길
그 길 지워지기 전
달처럼 걸어본다.

세상 만물에
울림 그물을 짜는 바람
바람은 가슴으로 눈으로 몸으로
모든 세포에 스미는 것이다.

백발白髮

지구별에 푸른숨을 불어
아침마다 내려 주는 이슬,
태양과 달과 별들의 애무와
바람의 키스,
시간의 숨결로
이렇게 물드는 끄트머리 자락부터
깊을수록 짙어가는 단풍숲 같이
넘쳐 주신 사랑의 징표.

나의 길

시어는 영혼의 두드림
시는 영혼의 소통疏通

오늘 쓴 내 언어는
내 영혼의 옷감이 되고.
가야 할 내 별의 색깔이 되길.

시어는 생명의 다독임
시는 생명들과 교통交通

오늘 쓴 시 한편이
누구에게 위로가 되고
때론 작은 징검다리 되어주길.

낙엽

서녘 하늘 지는 가을 해
동화책 마지막 장 넘기듯
애잔하고 성근 너.

어둠은
농부의 기도로
감사의 흙을 덮는 시간.

견디라, 견디어라
푸르던 잎
마지막 밀알이 되기까지.

철새는 떠나고
남은 새들의 울음소리
꿀벌 화음 잃은 숲 터.

너는
서리 내린 대지를 덮는
안개의 유일한 친구.

2부

할아버지가 보는 손바닥 창

길선이 누나

나이 열 살 소녀
보리피리 들리듯 배고프고
매미소리 귀에 맴돌며
엄니는 꿈처럼 떠났다.

만경강 눈보라 흩날리고
철교를 막 건너온 증기기차가
요란하게 싣고 간 오빠는
시든 억새풀에 눈발 새어들어가듯
몇 년째 소식도 없다

먼 친척집 끼니 더 건너니
소학교 마치자 할 수없이
건넌 반 선생님 손잡고
배차장에서 수백리 길
채정승이 귀양 왔다는
칠보산 끝자락,
길선이 누나는
귀양실에 이렇게 왔다.

가세가 큰 집안에
딸인 듯 손녀인 듯
그래도 반은 머슴인 듯 살았다

뻐꾸기 소리 어쩜 같고
마을 앞 논들 끼고 도는
시냇물에도 잘도 참았단 눈물이
밤마다 찾아오면 다독다독
벗 삼아 살아왔다.

평생의 새벽
할머니는 방마다 들리도록
골방기도를 할 때 기도엔
길선이 누나도 있었다.
기도들은 세월 따라 기적같이
이루어져 갔으나
길선이 누나에게는 반만 된 것 같다.

시련이 왔다.

시퍼런 처녀가 탈곡기에
아차 한 팔을 잃고
남은 한 팔로 살았다.
빨래도 하고 바느질도 해내며
못하는 일 없이 당당했지만
반은 기쁨이면 반은 슬픔이다.

할머니가 당숙네 방앗간
힘센 일꾼에게 꽃가마 태워 보내니
칠보산부터 온 동네 기뻐하고
길선이 누나는
십 년은 얘들도 낳고 잘 살았다.

방앗간이 문 닫을 때쯤
힘센 그 일꾼은 처가 빽으로
병원에 취직하더니
어느 여편네와 눈 맞아
쥐새끼 구멍 찾듯 도망갔다.

엄니도 고향도 한 팔도 잃어 본
길선이 누나는 그깟놈 서방이야
겉으로는 고고한 암탉처럼 당당하였다.

길선이 누나는 추석 때면
칠보산 끝자락,
온 가족이 모이는 선산에 꼭 왔다.
어린 딸아이를 손잡고 오더니
아이가 처녀가 되고 시집가니
손주도 보고 세월이 가고
몇 해부터인가 선산에서 볼 수 없다.

수백리 만경강 건너엔
친 엄니 무덤도
태어난 고향도 있으련만
그건 잊은 지 오래다.

길선이 누나의 귀양실 육십 년
생각해보니
모두가 빛나는 눈물이다.

나비

연분홍 부용
꿈으로 피어난 꽃
이슬 젖은 날개.

하늘을 보고
산에 핀 정념情念의 춤
꽃이 된 나비.

* 하이쿠 형식(5-7-5)

소녀들이 피우신 꽃이지요?

- 2019년 광복절 아침

푸름 속에 붉게 젖은
우리의 꽃 무궁화

비오는 날 피어난
이 꽃송이들.

방방곡곡 돌아오신 소녀들이여,
떨리는 훈짐으로 피우신 것이지요?

광복의 아침
내리는 보슬비에 스며

푸름 속에 붉게 젖은
우리의 꽃 무궁화.

귀신사歸信寺 파초

금평호수* 근처 여승들의 사찰
이름은 섬뜩해도 정갈한 천년 가람.

세월을 지키는 팽나무 고목과 돌계단,
백제의 하늘 아래 그 석탑이
아직도 금산 미륵불을 본다.

남성을 짊어진 석사자가 지키는데
왜 파초가 그곳에?

여승들 목탁 소리
돌아와 주오 돌아와 주오.
귀신歸信을 그리는 파초의 꿈.

* 모악산 아래 금산사 근처 호수

황혼

가장 아름다운 때는
눈이 감기는 듯
서쪽하늘에 그림 그려내며
해 넘는 시간
찬연한 신비의 어둠속
보내는 마음.

어둠에서 평정을 찾아가는 농부처럼
씨앗을 고르고
흙과 비와 바람과 햇살에 감사하며
생명을 꿈꾸는
일상의 의미.

할아버지가 보는 손바닥 창

노령산맥 달려 멈춘 칠보산자락 귀양실에
제비등 타고 시작한 실개울이 쉬어간다.
개울물은 마을을 끼고 돌아 흐르고
키 큰 미루나무며 정자 쉼터며 감나무들 정겹다.
동구 밖 버드나무 노부부가 신흥촌에 십자가가 선 뒤로
당산의 지위를 잃었지만 그래도 든든하다.

동네 한가운데 등이 높고 큰 초가집 안방에
할아버지가 쭈그리고 앉아서 밖을 내다본다.
한지 바른 문짝에 손바닥만 한 창을 통하면
매일 심심찮은 세상이 움직인다.

마당 건너 사랑채와 외양간 토방에는 고무신이,
우측 곳간과 헛간 지붕 밑에 비둘기집이 가지런하다.
좌측 돌담 아래 대봉 감나무 두 그루 서 있고
우물 막고 쎄멘 발라 만든 무쇠 작두펌프가 시원하다.
마당밭 멀찌감치에 남·녀 변소깐이 덩그러니 서 있고
황토 바른 깡촌 목욕탕이 별나 보인다.

큰며느리는 널따란 앞마당에 멍석을 깔고
일꾼들 불러서 일감 모으느라 분주하다.
할머니는 마당 텃밭 은밀한 비밀을 찾는 듯
숨겨 키운 참외며 토마토며 찾아 따온다.

싸나운 땟거위들이 요란을 떨면
강아지들이 정신없이 쫓겨 다니고
참새 떼가 휘 날라들어 닭모이를 훔치면
할아버지는 그저 곰방대에 뻐끔 뻐끔.

사랑채문이 끼기긱 무거운 마찰음을 내고
문지방을 넘어 누가 찾아오곤 한다.
할아버지는 손바닥 창으로 내다만 보고
사람은 아는 듯 시늉하고 총총 전하고 돌아간다.

할아버지는 손바닥 창으로 온 마을도 보고 있는가.
밤나무골 채서방이며 뒷골 꼬맹이 이장 조카나
방앗간 조카며 방앗간 돌아가는 것도 알고 있다.
새벽에 누가 애 낳고, 오늘은 누가 읍내 가는 것까지.

누구네 소나 돼지가 새끼 낳을 날짜도 꼽아 보면서……

할머니가 동네를 지팡이로 돈다.
애기 낳은 집엔 미역 한 다발 쌀 반말 돌리며
집집 들러 들은 이야기들 전하나 보다.

할아버지는 마당을 보고 있지만
마음에도 손바닥 창이 있어
마을 구석 구석
사람 마음 마음
세상을 다 보는 듯하다.

할아버지가 보는 손바닥 창
어제도 오늘도
아마 내일도
할아버지는 그저 곰방대에 그려 그려

내 심장이 뛰는 것은

심장이 뛰는 것은
우주가 떨고 있기 때문이다.

공기의 진동에 소리도 떨고
바람과 해와 달
쉼없이 운행하며 반짝이는 별들.

빛들은 억년 암흑공간을 뚫어
파동치며 지구로 향한다.

지구에서는 어떠한가
떨리며 피는 꽃들을 보라
바람은 생명들 함께 애무하고
생명은 뛰다가 떨다가 죽어간다.

심장이 뛰는 것은
우주가 떨고 있기 때문이다.

지금 내 심장이 뛰는 것은
사랑하기 때문이다.

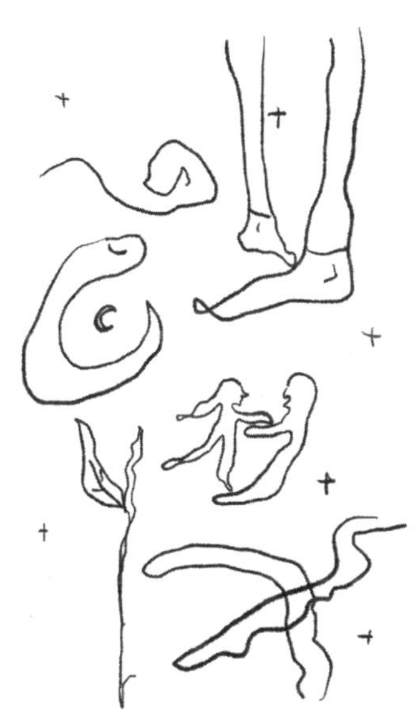

아인슈타인 방정식

망망한 바다와
수평선 위로 아늑한 하늘을 보라.

시간과 공간이
섞여 일렁이며 보인다는 것을.

지구는 팽이처럼 돌고
보이는 것과 전혀 다른 차원이
우주에 펼쳐 있는 것을.

은하의 이웃 안드로메다의 반짝임은
250만 광년光年* 달려온 빛이라.

우주는
공간과 시간이 하나일 뿐이고
오직 장場*과 입자粒子의 조화라.

몸은
우주의 순간이고 입자로 돌아가는 것.

사랑도 눈물도 먼지로 흩어지고

아, 나는
어느 차원에서
빛나는 작은 별이나 될꺼나?

*광년(光年)_ 빛으로 250만 년 가는 거리, 지금 보는 빛은 250만 년 전 빛.

*장(場, field)_ 에너지의 범위로 강력·약력·중력·전자기력 등 네 가지 힘으로 구성.

십자수로 뜨신 선물

순결한 백색의 수틀에
한 땀 두 땀 십자수를 뜨시며
무슨 기도를 하셨나요?

시인은
누이의 수틀 속에 꽃밭을 보듯*
세상을 보자고 했는데

형수님은
지난 세월을 곱게 새기어 왔듯
한 땀 두 땀 고운 형상 보시었나요?

* 서정주 시, '학'에서

추석 전날

큰 보름달 뜬 감나무 아래

어린 시절을 불러 보자.
그 마음으로 설레어 보자.

지금은 오르신 어머니 아버지의 모습과
귓가에 형제들의 어린 웃음 스치고
빚은 송편과 시루떡 익는 냄새,
주무른 모양, 색깔과 그 맛을 느끼어 본다.

외롭고 고달픈 마음 있을지라도
세상은 아름다워진다.
살고 싶어지는 욕망은 다시금 피어난다.

보름달에 비추이는 추억들

우리들의 어린 시절을 불러 보자.
그 마음으로 설레어 보자.

어머니가 걷던 길

하늘길로 가신지 10년
어머니가 걷던 화산공원에 초록은 무성하고
모퉁이 도는 오솔길마다 아침이 소슬하다.

어머니 앉던 의자, 비어 있는 자리에
꽃이라도 한 송이 놓아둘까.
차마 무궁화 하얀 송이 꺾을 수 없어
꽃대만 앞당겨 가까이 대어 본다.

어머니가 머물던 손바닥 같은 꽃밭에
국화꽃 있던 자리 그대로인데
아직 구월이 되려면
장마와 무더위에 구름이 더 다듬어져야 해.
대신 어디서 달개비꽃이 피어
보랏빛 이슬 맺어 섧게 반긴다.

아카시아 나무 아래 느린 꽃향이 스친다
그 향기 숨을 들이키며 행복해 하던 어머니
서시던 그 자리에 내 발이 멈추고
몇 번이고 숨을 들이켜 본다.

1989년 7월 13일

좁은 방 지친 벽시계 시간은 흐르고
수일 째 선풍기 바람은 그치지 않았는데
아버지의 숨이 멈추어 가신다.

찬송가 소리로 모두 높여 배웅드리며
복의 근원을 찾는 세계로 가시는 길은
땀 속에 눈물 속에 거친 숨소리로 깊어가나니.

그 저녁 무렵부터 새벽이 오기까지
육신의 만남과 헤어짐으로 다시 찾아가시는
아버지 천국의 여정은 그렇게 밝아왔습니다.

아차산 만추晩秋

– 미당의 시 [신록]에 답시

하늘에 햇살 설핏하니
흐르는 한강물 시리게 퍼렇구나

청설모 분주하던 도토리나무에
진서리는 이미 내리고
못 다한 정 뿌리치듯
뚝 뚝 뚝 낙엽이 떨어지는데.

사무치듯 서러운 몸짓으로
노랗고 붉은 색깔로 떨어지는데.

고구려 소년의 숨결같이
고구려 소년의 머리털같이
산성에 부루에 흩날리는데.

기러기처럼 떠나지도 못하는
고구려 어린 병사들의
천년 넋이라도 달랬으면.

하늘에 햇살 설핏하니
흐르는 한강물 시리게 퍼렇구나.

이름없는 병사

만주광야에서 달려 백두까지 모였다.
멧돼지떼 쫓는 호랑이 다니는 길 따라
다시 깃발 날려 남으로 남으로
이 곳 아차산峨嵯山에서 한강에 멈추고
한 백년 진을 치니.

강 건너엔 백제토성
보루마다 횃불 멈출 날 없고
봉수대烽燧臺에 지친 연기가 오를 때마다
고구려병사들은 시들어간다.

작은 요새에 낡은 깃발 아래
그 넋은 스러져 스러져
바위마다 성곽 틈마다 내린 씨처럼 스러져
수백 년 움터 비틀어 솟는
키 작은 강렬한 소나무가 되었다.

바위마다 자리 지키는 푸르름
고구려의 숨이여.

늦가을 서리들면 한강 더 퍼런 물
기러기가 북으로 줄을 지어 떠나니
솔잎은 이토록 쓰리게 푸르른가
병사들의 헐떡이던 숨결이런가.

아, 아차산 비틀어 솟는 소나무야
이름 없는 고구려 병사들이여.

구파鷗波 무덤 위에 무궁화 한 송이 놓으며

– 백정기 의사(白貞基 義士) 추모

홍쿠우 육삼정 피 끓는 절기는
무덤 위 무궁화로 희고도 붉게 피어났으니

녹두장군 노래 부르던 소년은
삼일 절절한 태극기 품에 안고
청포장수라 밟는 신화의 땅에
선비의 백색 빛나는 맹세를 하고
단동행 철마 청년 정기의 혼을 싣다.

오로지 괴수 원흉 가슴에 칼 하나 꽂고자
흑색공포탄을 대륙에서 쏘아 대니
한 발은 자유
한 발은 평등
한 발은 평화
세계는 일가로
내 조국에 푸르른 바람이여

구국 3의사* 피맺힌 혼들이여
칠월 열사의 바람으로 부는데

구파 무덤 위 한 송이 무궁화는
붉고도 희게 새로 피는가
붉고도 희게 새로 피는가!

* 윤봉길 이봉창 백정기 세 의사를 말함

한반도여 푸른 조국이여

한반도여,
만주광야를 향해
쑹화강 시퍼런 빙판을 밟고
시베리아 동토 찬 서리로 머리감고
북극성에 활시위를 당기자.
우주에 나르자.

북극에서 알라스카 돌아
연락선으로 달려온 동해바다 파도는
열도를 방파제로 다독이고
삼천리 해안선에
재회의 입맞춤을 한다.

한반도여,
도약하려는 호랑이여
나의 조국이여!

수억 년 북극의 빙하는 녹아
동해로 스며드는데
적도의 열기는 반도를 기어올라

이제
아열대 꽃들이 피고 지고
신비의 열매가 열려가는 시대,
그대의 계절이다.

대양과 대륙이 만나 용틀임하고
열대 태풍과 시베리아 찬 기운이 만나
들끓이다가 한반도에 쏟아내는데
시퍼렇게 쏟아내는데.

아!
이 에너지, 이 힘이여,
주체할 수 없이
이제 비상하자!

백두산에서 호랑이가 포효하고
한라산 백록담 사슴 떼는
적도의 평화신호를 보내오지 않는가
우리의 가나안 땅으로 가자.

이제 반도의 허리를 풀자
가난했던 땅에
묵은 지뢰, 녹슨 쇳덩이는 걷어내고
푸른 꽃으로 문지르면
푸른 숨이 돌아온다는데
새 살이 돋아난다
새 근육을 단련하자.

오천 년 전 환웅이 꿈꾸었던
이화理化의 세계
펼쳐라.
북극성으로
아시아의 대륙으로
남반구 별이 쏟아지는 아프리카의 사바나로
그리고 오랜 형제의 땅 아메리카로.

고비사막을 달려
천년의 피를 나누고
불의 검을 꿈꾸던 바이칼호수에서
흑해로

가파도키아 바위로
지중해로
어디엔들 한반도의 신령한 기운이 못가겠는가.

이제 높은 곳에 오르라
아름다운 소식을 전하라.
우리의 땅에서 솟는
영원한 평화, 홍익弘益의 소식을 전하라.

한반도여 푸른 조국이여,
그대는
우주의 쏟아지는 장력張力과
북극의 순전한 자력磁力을
온몸으로 담아내는
지구의 성배聖杯.

몸 안으로 오로라가 춤을 추고
국토산하에 온통 불사초不死草같이
물과 나무와 새소리 더불어
짐승과 바위와 강물이 시푸르다.

이곳은 바로 나의 어머니의 땅,
나의 조국이 아닌가?

한반도여,
나의 조국이여
나의 푸른 조국이여!

3부

질긴 인연의 파장

반쪽

왜 이럴까?
며칠만 따로 있어도
그냥 그런가 보다 하고 지나는 때가 없다.

그런 때마다
얼굴을 꼭 기리어 본다.
삼십여 년 보며 살아 어련할 것 같지만
아직도 슬며시 들여 보아야만 살아가니?

눈빛과
웃을 때 움직이는 입가 주름들
살며시 사진을 넓히며 본다.

그냥 그런가 보다 하고 지나는 때가 없다.

내 반쪽.

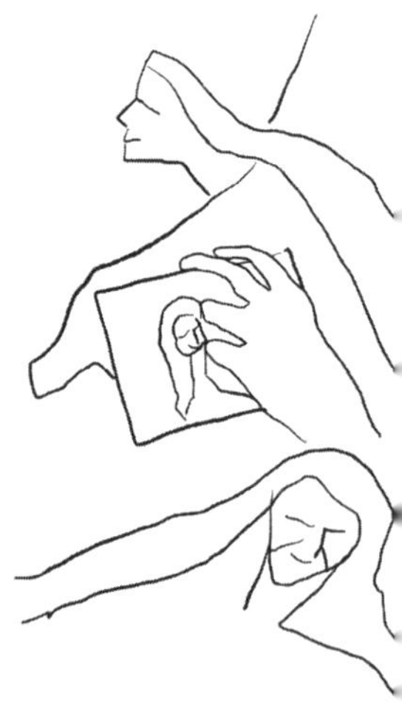

질긴 인연의 파장波長

긴 시간만에 오는 소리에는
심장이 박동거리듯 귀기울이라.

어제 뜬 달 시린 빛이 영원하려니
그대여 깜박 속지 말라.

꽃이 절정이듯
생명은 항상 끝이 가까운 것.

과거가 현실을 두드리는 순간
질긴 인연의 파장으로 온 것.

우리는 한 점의 순간에 있고
우주에 흩어질 입자粒子가 아닌가.

순간을 사랑하고 별을 생각해서
바람처럼 보내는 것이 아니라.

긴 시간만에 오는 소리에는
심장이 박동거리듯 귀 기울이라.

사랑하는 딸에게

-대학졸업을 축하하며

소녀의 마음으로 바다를 보며 꾸어온 꿈과
세상을 바꿔보자는 캠퍼스의 자존심과
영일만 파도와 해안선의 추억은
그대로 너의 마음속 영원한 서고의 책들로 간직한 채
오늘 너의 새로운 계절에 선 걸 축하한다.

이제 자신의 정원을 오롯이 가꾸어 가는
너의 무대에 들어섰다.
봄이 오면 두근거리듯 네 가슴이 들려주는
이야기에 귀를 기울이고
시합에 나가는 선수처럼
온 힘 다해 준비를 해야 한다.

삶의 큰 행동에 옮기는 것은
마음 깊이 있는 영혼의 승인을 받길 바란다.

상아탑에서 쌓아온 지식보다도
너의 영혼이 가르쳐준 지혜와
무한한 상상력이 위대한 기도와 합할 때

훨씬 강력한 무기임을 알아야 한다.
그 힘이 너를 일순간 우뚝 일으켜 세울 것이다.

항상 선한 영향력을 주는 존재임을 알고
사람들의 좋은 점을 찾아 칭찬을 해 주되
너에게 너무 의존케 하면 안된다.
마찬가지로 경청은 하되
사람에게 너무 의지해선 안될 것이다.

왜냐하면
세상을 바꾸는 존재가 되는 비전 하나 보고
상아탑을 그토록 드나들고
왕복 고속철로를 오가면서 다짐해 온 그것,
진정한 목표를 찾아가야 하니까.

그건
언젠가 우뚝 서서 더 큰 의미를 주는 것이다.

그날 매였던 시인들이 돌아오리라

보라

광야에서 외쳤던 그들의 소리가
이 땅에 길들을 내고

하늘에 올라 있던 그들의 눈물은
이 땅에 강물로 흐르네

그날 매였던 시인들이 돌아오리라
백년 목마른 그 붓을 높이 들라.

* 일제강점기 해외 시인들과 분단기 북에 간 시인들의 시가 모두 발표되어 한국문학사 지평을 넓히길 기원하며.

예순 지나 공원에서

예순이 지났구나
이제 힘은 좀 빼야겠다.

공원 분수가 멈추면
그 파동이 귓전에 머물 듯

여운이 있는 삶이 될려면
힘은 좀 빼야겠다.

농구공 튀기며 이마에 맺힌
젊은이의 그깟 땀방울이 대수냐.

한 권의 시집을 골라 읽고
몇 개 시가 가슴에 배이면 그만

족구의 추억

회갑에 진갑도 넘어 공을 차련다.
헤매고 뒹굴더라도
보석처럼 간직해 왔다
우리의 족구 스타일.

소심해진 가슴 펴보고
네트 너머로 제대로 넘겨나 보자
흐느러진 다리에 다시 힘을 불어 넣고
헐떡이는 수캐마냥 뛰어보자.

뒹굴다 까르르 웃었던 우리의 공터
한강 넘어 있던 자리.
강바람에 들꽃 간드러지도록
마음껏 제대로 웃어나 보자.

형제들 송년모임

-2019년 교대역 9번 출구

아까 큰 형님 말씀,
어이 동생 병구야 늙지 마!
우리 이 모습대로 만나야 혀.

그래야지요.
형님도 오늘 걷기 일만보 채우셨나요?

등어리를 다독이며 걸음을 재어 보네.
헤어지는 형제들 송년모임.

빈자리

기운 잔에
왠지
빈자리가 자꾸.

남은 손짓들
오가는 잔.
스민 눈짓에
콧숨에
이슬이 흠씬.

그래 입동이구먼
살 때까진
건강해야여
내복 챙겨라
또 보세.

일어서 나오는데

빈자리가
기운 달처럼
자꾸 따라오네.

연꽃이 피고

서산에는 해넘어
선분홍 물들어 갈 때

연꽃 만나려 가는 바람같이
떠난 친구여

초복 더위에
연꽃이 피고 바람이 불면

친구가 시 읊는가
눈감아 볼거나

이럴 줄 알았으면

어찌하랴
한 낮의 뜨거운 햇살
그토록 눈부시더만
하늘에 하늘에 오르고 싶더냐.

이럴 줄 알았으면
초복이 다져 오기 전에
떠나는 길,
목이라도 축이라고
산골에 막걸리 한 사발 따라드릴 걸.

빛이 좋아
시가 좋아
자유롭게 새가 좋아
두 어깻죽지에 땀이 마를 날 없더니만
그새 날개를 다셨구먼.

이럴 줄 알았으면

춤이라도 실컷 추어나 보게
정이란 무엇일까
입술이 부르트도록 불러드릴 걸.

삶의 강가에서
- 파슈파트나트 태우는 주검

히말라야 이슬 모아 흐르는
카트만두 갠지스강 물가에
꽃을 두른 주검이 누워있다.
장작이불 틈으로 소슬한 푸른 손이 펴있다.

불이 지펴지면
신령한 꽃잎들이 흐트러지며
땅으로
연기로
화염으로
헤엄치는 아이들 소리로
물결로 흐른다.

강 맞은 편 수백 개 돌탑에
장례의 마지막 행렬
뼛가루들은 흐트러지네
날마다 쌓이는 육신의 재.

회칠한 돌탑들에는

분칠한 도통한 사람들이
삶과 죽음의 접점에서
먹는 듯 굶는 듯
입은 듯 벗은 듯
말하는 듯 시늉하는 듯
산 듯 죽은 듯
수행하는 듯 투쟁하는 듯.

아무렇지도 않게
지나다니는 원숭이떼
금이빨 건지는 아이들의 웃음 속
화장터 연기는 짙어가고
못 견디게 냄새는 흩어가는데.

아,
이슬도 소리 없이 흐르는
갠지스강
태우는 주검.

상여喪輿길

동네사람들이 말없이 상여끈을 조인다.
맑은 가을 햇살이 더욱 서럽다.
여드름 난 큰 아들이 영정을 들고
상여 뒤로 작은 아들들과 여인이 따른다.

형제들은 말할 수 없는 무거운 행렬에
먼지라도 일으키고 싶어 신발을 끈다
큰형님은 흰 국화 차가운 향내 맡으며
가는 손 잡아 주려는 듯
상여 뒤 아랫대를 힘없이 쥐며 걷는다.

선산이라야 동네 뒷비탈을 끼고 있다.
하룻장도 짧고 장삿길도 짧다.
며칠 전 추석날 엄니 무덤에 벌써 풀이 자랐다고
낫으로 베었던 그 풀줄기들 마르기도 전에
아래쪽 옆에 파 논 새무덤가에 말없이 뉘인다.

산까마귀가 퍼덕거리며 지나갈 때
마른 흙을 털던 아비는 먼발치에서 보다가

뒤돌아서 칠보산 쪽으로 몸을 돌린다.
아, 제비등 정상*에 있는 할아버지에게
뭐라 말하시는가.

* 증조부 무덤 있는 곳

송구영신

제야의 종소리 들려오니
곧 어둠이 걷히고
새벽 멀지 않았는가.

순전한 햇살을 가슴 벅차게 안아 보려면
나의 두터운 오만과 욕망의 옷을
훌 훌 벗자.

한 해를 여는 열쇠를 꼬옥 받아 쥐려면
오욕으로 부끄러워진 내 손들
태아 숨결 간직한 그 영혼에 씻자.

솟는 긍휼에 생기 넘쳐 흐르니
새 포도주 담아내듯
마음속 곱게 새 주머니를 준비하자.

오늘 하루만이라도
사막을 막 건너와 성전을 바라보는
가슴 벅찬 순례자가 되어

오직 사랑을 위하여
두 손 가지런히 모으고
설레게 설레게 한 해를 맞이하자.

제야의 종소리 들려오니
곧 어둠이 걷히고
새벽 멀지 않았는가.

다메섹 가는 길

사마리아 질러간 갈릴리호수에
산기슭 꽃길 따라 푸른 하늘 비추이고
저 언덕 넘어 나사렛이라
예수의 언어들이 아른거린다.
북쪽 헤르몬산은 아직 눈이 덮여
아침 광채를 힘껏 내뿜는구나.

요단강 상류 민둥한 언덕에 오르니
시리아 광야 길은 붉기도 하지.
율법을 모독한 예수 제자들 잡으려
수백 큐빗* 고원에 다메섹 가는 길은
해도 길고
줄줄이 나귀들 그림자도 길다.

아,
하늘은 맑아 푸르기만 하고
지중해 부는 바람 시원도 하던데
홀연
강렬한 빛 둘러 비치매
정신 나간 듯 모래발에 쳐 박혔다.

뇌성처럼 들리는 소리
- 사울아 사울아,
나는 네가 핍박하는 그이다.
처형의 바위 아래서 네가 돌로 쳐 죽인
스데반*의 소리가 들리지 않느냐?

다메섹 가는 길, 모래 언덕에
빛 가운데 서 있는 그를 보았네.

- 영광의 빛이여!
강렬한 빛으로 두 눈은 멀었지만
제 영혼은 맑아진 것 같습니다.

부끄러운 제 영혼을 받으소서
제 눈을 씻겨 주소서
저를 씻겨 주소서.
저를 쓰소서!

*큐빗(cubit)은 고대 근동지방에서 쓰이던 길이의 단위.
팔꿈치에서 가운데 손가락 끝까지의 길이, 약 50cm.
*스데반_ 예수를 증거하다 순교한 최초의 집사.

천문산天問山 겨울 투어

짙은 안개 궂은 장가계張家界 겨울날은
온갖 옵션에 포로가 된
가련한 패키지 나그네들에게
끝내 천문산의 하늘문을
뚫린 동굴처럼 속시원히 보여주지 않는다.

우리는 우비를 걸치고 모스크바 퇴군하는
프랑스 병사처럼 묵묵히 떨며
옵션길 따라 더 지불하고
무시무시한 낭떠러지 길,
천문동 향한 절벽 잔도*들을 걸었다.

조선족 가이드는 비겁한 선임하사처럼
쳐지는 병사를 압박한다.
그에게는 경관이며 신화며 스토리는 없다.
오직 다음에 타야 할 케이블카에
순서대로 오르는 것이다.
빨리 가서 쇼핑시켜 매출을 불리는 것일 뿐.

다행인건 얼음꽃 핀 나무들과
유명幽冥에서처럼 느껴오는 절벽의 속삭임.
케이블카 내려오다 드러내 보이는
거대한 촛대 같은 봉우리들과
절벽마다 비틀어 선 소나무들의 의연함.

하산길 협곡 따라 굽이굽이 웬 고개인가
비 그쳐 뒤 돌아보니
그 천문산은 안개옷을 슬며시 열고
빛깔도 없고 윤기조차 없는
장가계의 겨울날 속살을 슬쩍 비추인다.

그래 하나 건졌다. 이놈 가이드야.

*잔도_ 험한 벼랑 같은 곳에 선반을 매달아 놓은 듯이 만든 길

망우忘憂

아차산 고개 넘어
한시름 잊으려 하니
까마귀 우는 소리 그치지 않아
앞을 보니
아, 망우리忘憂里.

용마산 건너는 능선 흙길 따라
낙엽은 펄펄 새 걸로 깔리네
푸른 하늘 배경으로 고독한 팻말,
앞을 보니
깔딱고개.

북망산北邙山 피해 가려고
옆길 하산길로 시름없이 걷다 보니
반가운 청춘들 숨소리 들려
앞을 보니
사가정이라.

4부

새로운 궤도를 만든 후

두물머리 여름밤

연꽃은 만발한데
희미하게 보일뿐

다만
바람에 꽃향이 스치니

연꽃 만나고 가는 바람같이
마음에 향만 담아 오네.

무슬목

남쪽 바다에 해가 뜨면
반도의 태고가 그리워.

가느다란 목 내밀고
돌산이 흘리는 아침 눈물

시인

언어들이 허공에 날아다닌다.
메모해서 잡아두고
시를 지어 잡아두고
일기로 써서 잡아두고
아내에게 말해서라도 잡아두어야 한다.

붙들어 둔 언어들은 퇴색되어간다.
기록해둔 글들이 녹슬어간다.
나의 시들이 시들어간다.
그래
누가 내 이름을 불러 주었을 때
그 곁에 가서 꽃이 되어야 하는데
되어야 하는데

글들이
시적 문장들도
빛깔과 향기를 잃어 가는데.
착각의 손*인가
허공에 날아가는 나의 언어들을

붙들어 주었다.
바람처럼 나의 이름을 불러 주었다.

가고 싶다.
그 공간에.
싹을 틔우고 줄기를 가르고 내민
한 송이 부끄러운 꽃처럼
나의 시들이
미약한 향기와 빛깔을 막 맛보이려는
그 시간에
가고 싶다.

* 『착각의 시학』 2021 여름호

새로운 궤도를 만든 후

농소마을에 가면
오롯한 정원들과 흙내음
'이파네마소녀'라는 찻집.

다시 서울에 오면
빽빽한 간판들과 분주함
'천호역3번' 지하철 출입구.

왔다 갔다 한주간 공전의 삶
새로운 궤도를 만든 후
설레이는 계절들.

그래서
학, 기러기 같은 철새들은
때가 되면 날아가는가 보다.

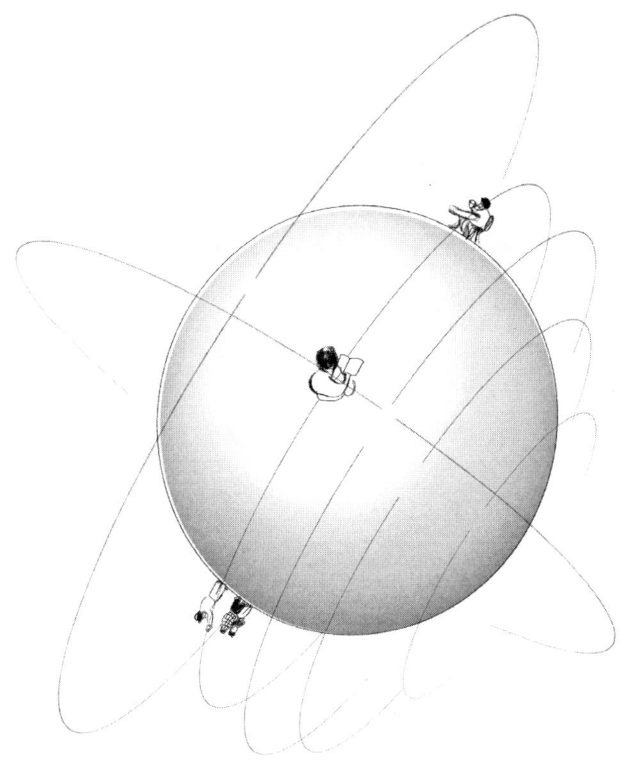

동고산성

–후백제 견훤의 꿈을 엿보다

대동강가 달려 말을 먹이고
고구려 평양성 문루에 활을 걸자.

변산 줄포만에 큰 배를 띄워
황해바다 건너 대륙으로 가자.

승암산* 올라 북쪽산에 미륵*을 본다.
아, 백제의 꿈이 이글거리는 하늘 아래
남쪽 산 모악에 이르는 완산*의 땅을 살핀다

이 거룩한 산에 성을 쌓고
백제의 길 따라 말을 달리자.
백성의 피맺힌 절규에 귀를 기울이고
오로지 그들 더불어
세상을 바르게 펼쳐 보리*.

견훤*대왕이여,
순천만 마로에서 깃발을 달려
무진주에서 선언한 그대의 언어는

미륵정토 이 완산 땅에 뿌려져
혁명의 씨앗이 되었구려.

오백 년 후*
그대의 산성에서 뻗어난 발리산*을 타고
청년의 팔뚝 같은 힘줄에 피가 돌아
이목*과 오목을 타고 내려
아, 완전한 땅* 정수리에 꽃 피우리.

* 승암산_ 전주 시내가 훤히 보이는 주산, 동고산 혹은 중바위산이라 한다.

* 승암산 정상에서 미륵산과 모악산이 보인다.

* 완산_지금의 전주.

* 바르게 펼쳐 보리_ 후백제 연호를 '정개(正開)'라고 함.

* 견훤_ 제왕운기에 성이 이, 이름이 견훤이라 함. 탄압을 피해 백제의 성을 숨기며 살았을 것임.

* 오백 년 후_ 892년 후백제 건국부터 1392년 이성계의 조선 건국까지.

* 발리산_ 원래 이름은 발산. 전주이씨가 발원했다 해서 '발리산'이라고도 부름.

* 이목_ 목조 이안사가 살던 지명.

모악산母岳山

동진과 만경의 물결 소리와
지평선부터 솟아난 대지의 기운,
당차게 자라난 만금의 이삭들.

어머니의 드넓은 팔아름에
구름에 파도치는 태양의 작렬,
모질게 커온 대지의 생명들.

오,
우주가 완성하는 산이여.

촛불

그들은 언제나 걸었다.
촛불 하나 켜들고 이름 있는 거리들을 행진했다.
미끼로 유혹하는 정치망定置網을 찢으며
언어의 올가미에 분노한다.

그리고 언제나 외쳤다.
정의 하나로 명성 있는 사람들을 떨게 했다.
어두운 광장에 붉은 꽃들이 피어 오르고
울컥 울컥 파도치듯 흐른다.

그들은 바람을 불렀다.
가슴을 내밀고 서로 어깨를 내어 주었다.
백만의 노래가 희망의 돛을 올리고
검은 바다 밝히며 항해하듯 가고 있다.

하와의 독백

하나님,
이제 에덴은 어떻게 하시렵니까?

하늘물을 몽땅 쏟아부어
통째로 흘려버리시진 않을 거지요?

유혹의 혀를 날름거리는 뱀도
그곳엔 더 이상 없겠지요
다 그것 탓이었습니다.

제 살과 뼈가 된 에덴땅 흙
그 냄새가 꿈에도 그립습니다.
너무도 그리워 슬며시 가 보았어요.
불칼이 돌고 그룹*들이 지키고 있더군요

하나님,
그래도 네 개의 강물*은 변함없이
흘려 주실 거지요?

* 그룹 천사
* 창세기 에덴 발원 네 강. 비손, 기혼, 티그리스, 유프라데스강

새로운 길

사철 하늘 바람
33년 세월 흐르니
흑발이 백발로
날카로움이 인자함으로
용맹이 지혜로
지식이 경륜으로 쌓였습니다.

청정한 나무가 시절 따라
열매를 맺어 오더니
시리며 빛나는
마음 깊이 어느덧
마르지 않는 샘이 솟는
호수를 간직하였습니다.

사철 샘솟는 기도
또 33년 닦아 가려니
꿈이 새로워지고
친절이 기쁨이 되고
매일매일 설레이는 길
복의 근원 길에 서셨습니다.

코로나 봄날

흰 서리 맺치던 날부터
기다려온 봄날
입춘 우수 지나니
흑매화 꽃망울 터트리네.

연못은 물을 모으고
아낙네들 이랑 밟는 신발에
미끈 흙마저 촉촉하다.

봄은 왔건만
마스크 쓴 거친 숨
누군들 한가로이
반길 수 있나.

라합*의 고백

제가 들었어요.
그대들 40년 모압광야에 길을 내고
갈증도 없이 주리지도 춥지도 않고
노래부르며 오고 있다는
기적을.

저는 알고 있어요
홍해물이 절벽처럼 서서
마른길을 내어주고 딱 건너니
구름 같던 적의 군대*는 바다 깊이 잠겨진
역사를.

과연
당신의 하나님은 하늘을 여시는
진정한 신이군요
제 땅 위에서도
이 성 안에서도
진정 하나님이십니다.

두렵지만
저는 위선의 성*을 열겠습니다.
자, 구원의 밧줄로 먼저 내려가시고
성이 열리면
그 밧줄로 저를 올려 주세요.

* 라합_ 여리고성의 여인, 예수의 선조를 낳음.

* 이집트 바로왕의 군대.

* 여리고성

비라도 흠씬 왔으면

꽃대롱 키를 세우는 배롱나무 몇 그루
발길 끊어진 어린이 놀이터,
놀이집 지붕을 지키는 까마귀 한 마리.

빗속에 서 있는 기차처럼 슬픈 게
이 세상에 또 있을까?
네루다*의 질문처럼.

까마귀 한 마리 말고는 아무도 없는
텅 빈 놀이터처럼 슬픈 게
또 있을까?

〈코로나 극복 함께 해요〉 팻말이
연못 접근도 못하게 한다.

하늘 구름은 수증기를 잔뜩 모아
억수 가을비를 뿌릴 기세인데.

무심한
분수가 푸른 물줄기를 솟구친다.
마중물처럼.

* 네루다_ 칠레의 시인. 시집《질문의 책》에서

베아트리체를 만나는 단테

- 신곡 연옥편 제30곡

나의 신부여,
레바논에서 오소서.
백합 한 다발 바칩니다!

동편 하늘에 장밋빛 물들고
천사들이 뿌리는 꽃들은 구름 사이 흩날리네.

하얀 너울 위에 올리브띠관을 쓴 여신이여
불꽃같은 붉은색 옷 위에 푸른 망토 휘날리네.

아, 베아트리체를 보게 되다니.
내게는 떨리지 않는 피란 한 방울도 없다오.
저 어릴 적 불꽃의 표적을 지금 보고 있다오.

오, 베아뜨리체가 내게 하는 말 들어 보세요.

"단테여, 나를 보세요.
연옥의 이 정상에 그대가 오르도록
그대 꿈속을 찾아 그대의 영감을 불러내고

그대 스승*에게 지옥을 거쳐 여기까지 바래다주길
눈물로 간청드렸다오."

그러셨군요.
나의 꿈속에 그 여신이여,
나의 구원이여!

내 참회의 눈물이 레테의 강을 채웁니다.
내 영혼을 그대에게 맡깁니다.

* 스승_ 로마 시인 베르질리우스, 단테의 저승세계 여행 길에서 지옥과 연옥을 안내함.

* 레테의 강_ 천국에 오르기 전에 마시는 참회와 망각의 물.

레테의 강을 건넌 단테

- 신곡 연옥편 제31곡

베아트리체여,
나의 영원한 사랑이여
그대의 가련한 종이
절망의 지옥을 지나 연옥 정상에서
참회의 물을 마셨습니다.
소망의 비취를 통해 비추이듯이
그대 지혜가 빛으로 충만합니다.

아스페르제스메*!
단테여,
레테의 강*을 건넌 걸 잊지 마셔요.
절망과 분노의 기억은 지웠으니
이제 정결의 물 한 모금 마시고
얼굴을 들어 나를 보세요.
자, 천상의 여행을 떠나요.

베아트리체여,
영원한 빛이여,
찬란한 그대의 미소가

신비로운 그대의 자태가
우주와 조화된 그대 아름다움은
세계의 어느 시인도,
파르낫소스*의 뮤즈들 일지라도
그려내지 못할 것입니다.

오, 마돈나여.
나를 천상의 길로 이끄소서
나의 영원한 사랑이여
나의 영원한 구원이여.

* 아스페르제스메_ 성수를 뿌리며 '새롭고 깨끗하게 하여 주소서'라는 예식 찬미곡.

* 레테의 강_ 연옥의 정상에서 영혼이 물을 마시고 죄를 잊게 되는 망각의 강. 영혼이 천국에 오르기 전에 건너야 함.

* 파르낫소스_ 그리스 중부 2,457m 산. 시와 음악의 신 아폴론과 요정 뮤즈들의 영지가 있다.

엠피레오*로 이끄는 여인

– 신곡 천국편 제1곡

우주의 사랑이시어,
영원한 빛으로
저희를 그곳에 끌어올려주세요.

오,
단테여 떨지 마세요.
저 베아트리체여요,
제 말 들으세요.

온 우주는 하나님의 형상을 닮았고
천라만상은 운명처럼 질서가 있다오.
생물들 마음속에 생명력을 키우고
행성마다 힘을 끌어 모으게 한다오.

우주의 무한한 활은
그 질서를 주관하는 섭리라오.
고요한 천국 하늘에는
천사들이 빛이 되어 돌고 있다오.

운명의 활 시위가
우리를 영원의 하늘로 실어 간다오.
천상에 오름은
시냇물 내려오듯 편할 거여요.

* 엠피레오(Empireo)_ 천국. 단테의 〈신곡〉 천국편 33곡 중에 서곡 장면.

단테 알리기에리의 노래

– 신곡 천국편* 제2곡

구원을 찾는 마음 하나,
자그마한 쪽배를 탄 영혼들이여
천상을 향한 노래 부르며
노 저어가는 나의 배를 따르세요.

함께 시를 써요.
미네르바가 영감을 주고
아폴론은 이끌고
아홉 뮤즈들이 북두로 안내하듯이.

신의 나라 향한 염원의 눈물
마르기도 전에
우리를 싣고 가는 걸 보세요.

베아트리체*는 하늘을 보고
나는 그녀만 바라보는데
우리를 태운 화살이 무한한 장력張力에
벌써 천상에 오릅니다.

첫 번째 성좌星座*에 이끄신 빛과
영원한 물방울 같은 진주가
한 덩어리가 되고
그 사랑 속에 우리 영원하길.

마돈나여,
그 빛,
그 사랑에 감사합니다.

* 단테의 〈신곡〉 천국편 33곡 중에 2곡, 첫째 하늘에 오르는 장면.

* 베아트리체_ 단테가 사랑하는 여인. 일찍 죽어 천국에서 단테를 구원함. 저승세계 중 연옥 정상부터 천국을 안내함.

* 천국 아홉 성좌 중에 첫 성좌, 달의 하늘.

자연의 시적詩的 심상心象과 구원의 정신

— 한봉수 시인 『날더러 숲처럼 살라 하네』

김경수(시인, 문학평론가)

1. 들어가며

팬데믹의 시간이 참으로 많이 길어지고 있다. 그러나 분명한 사실은 우리가 바라는 파릇파릇한 '생명의 봄!', 머지않았음을 시인詩人의 직감으로 알 수 있다.

며칠 전 다녀온 산행에서 그 확신의 답을 느끼고 왔기 때문이다.

몇 년을 경험해 오면서 바이러스에 대한 환경적 이변이나 위기의식에 대해 사람들은 자신도 모르는 자기만의 면역력 같은 힘을 발휘하게 된 것이다.

문학인은 문학인만의 창작을 통해 그 성과의 면역력을 여실히 보여 주고 있기 때문이다. 환경의 부조화에 함께 적응하려고 노력하는 융통성의 발현이라 할 것이다. 인간은 스스로 자신의 삶을 이끌어 갈 때 변화를 하고 그 환경에 얼마나 오랫동안 견디는가의 문제이기 때문이다.

환경적 변화에 따른 서로 다른 생활과 서로 다른 모순의 통합이 사회적 배려나 감동으로 상승할 때 우리의 삶은 어둠의 세계에서 빛을 꺼내어 현실을 극복할 수 있을 것이다.

이는 자연의 아름다운 풍경을 바라봄으로서 그 속에서 사랑하는 사람을 떠올릴 수 있는 것처럼 시인은 자연과 세상의 모든 사물에 감정을 넣기도 하고(empathy. 感情移入), 나무, 물, 산, 구름, 비, 꽃 등 모든 자연에서 그 동기(motive)를 받기도 한다.

성경말씀에는 자연에 대한 찬미를 이렇게 하고 있기도 하다. "백합화를 생각하여 보라 실도 만들지 않고 짜지도 아니하느니라 그러나 내가 너희에게 말하노니 솔로몬의 모든 영광으로도 입은 것이 이 꽃 하나만큼 훌륭하지 못하였느니라"(눅 12:27).

괴테 또한 일찍이 자연은 끊임없이 인간에게 말을 한다고 했다. 이 말은 자연을 들여다보면 그 속에 우리 인간의 삶과 이치가 있다고 보는 생각이다. 즉, 자연은 자신을 감추고 말없이 인생을 말해준다고 할 수 있다. 나무를 관찰하다 보면 그 속에서 인생을 끄집어낼 수도 있고 향기로운 꽃을 보며 그곳에서 자신을 읽을 수도 있다는 말이다.

이번에 첫 시집을 상재하는 한봉수 시인은 우리가 친근하게 접하는 아름다운 자연 풍경을 통해 시적 언어를 조직하고 그

자체를 전경화 시킨 비교적 쉬운 언어들로 자신만의 보편적 생사관을 이야기하고 있다. 모두 4부로 나누어져 있으며, 건실한 기독교인으로서 성찰과 사랑 그리고 역사와 구원에 대한 이야기 등 총 64편의 창작시를 선보이고 있다.

5년 전에는 대학 때 읽지 못한 그 어려운 단테의 신곡을 200시간 이상 걸려 정독하였다고 한다. 그리스신화를 비롯하여 유럽과 중세사상, 우주관을 이해하며, 성경, 동·서양 역사와 철학·미학, 심리학, 고전, 우주 물리학까지도 두루 읽으며 그가 꿈꾸던 문학세계에 돌아와 문학평론가로, 시인으로 늦게 문단에 등단했지만 이미 문학에 대한 인식은 삶 속에 내재된 그 이상의 것이었던 것 같다.

앞에서 말했듯이 한봉수 시인이 생활 속에서 접하는 현실의 자연을 통해 감추어진 즉, 보이지 않는 초현실적 세계를 어떻게 시인의 힘으로 끄집어내어 안정된 신앙인의 자세로 인성을 회복하는지를 순수한 독자의 입장에서 살펴보고자 한다.

2. 선험적인 삶과 구도(求道)의 시학

새해에는

날더러
숲처럼 살라 하네

해와 바람과 함께 꽃도 피우고
굽굽이 걸을 길도 내고
계곡에 새들 쉬어가는 물길도 내라 하네

새들과 벌레들 여울 소리 맞추어
온갖 화음이
벌써 눈 쌓인 틈에서 돋는 듯하네

날더러
숲처럼 살라 하네

-〈새해에는 날더러 숲처럼 살라 하네〉 전문

위의 시에서처럼 시인은 새해에 스스로에게 다짐하는 간절한 기도를 주문하고 있다. 지금까지 살아온 삶의 방식과는 상관없이 앞으로 살아갈 세상에서 발을 내딛는 곳마다 엉뚱한 지류에 이끌려 위험이 도사리고 있을지도 모르는 세상 속-, 자신의 의지와 관계없이 흘러가는 삶을 위하여 자연 속에서 자신을 찾고 그 속에서 자신의 길을 묻고 그 답을 얻으려 하고 있다.

한봉수 시인의 시가 보여 주는 서정의 세계는 자아와 자연 친화적 세계의 동일성에 근거하는 감사와 성찰 의식을 군더더기 없는 짧은 리듬과 간결한 어조로 보여 주고 있다. 불안한 인생의 노정에서 자연의 이치에 순응하려는 화자의 간절함을 엿볼 수 있다. 다시 말하면 인간의 고뇌와 자연 사이의 일체감은 선험적으로 주어진 것이고 일상적 삶의 실체로 확인될 수 있다는 것을 보여 주는 대목이기도 하다.

이처럼 한봉수 시인이 찾으려 하고 소통하고자 하는 시세계의 배경 원천은 스스로에게 자문하는 형식의 내면 추구가 그의 시의 주류로 나타나고 있음을 확일할 수 있다.

그대는 시인의 눈동자.

산골에 내린 꽃.

쏟아지는 빛으로 핀
아,
잔인한 양귀비

―〈단풍〉 전문

위 시는 기승전결의 3연으로 나누어진 짧은 시다. 1~3연 모두는 단풍에 대한 화자의 끌림에 대한 열정적인 느낌을 마치 리모콘으로 단풍의 색깔과 모양을 움직이듯 상상력을 디지털화하여 형상화하고 있음을 알 수 있다. 스크린에 영화의 장면이 나타나듯 선명하게 장면이 떠오른다. 모양과 색깔을 통해 난풍(자연)을 바라보는 고뇌가 화자의 정서를 일깨우는 도구로 작용하고 있다. 제1연은 맑고 순수하지만 구체적 통찰력을 가진 시인의 눈이 되기도 하고, 제2연은 한적하고 경이롭기만 한 산골에서만 느낄 수 있는 찬란한 빛을 통해 황홀함으로 다가서고 제3연에서는 그저 '아'라는 시인만의 시어로 표현할 수 밖에 없고 마지막 행에서는 아름다운 가슴 통증을 일으킬만한 잔인한 양귀비로 치환되고 있다. 이처럼 단풍을 바라보는 화자의 내적 심상은 많은 의미를 내포하고 있어 깊은 사유의 영역으로 독자들을 이끌고 있다. 다른 작품에서도 자연을 바라보는 화자의 눈은 언제나 자연은 교감의 대상이자 경배(?)의 대상으로 단순한 자연과의 통섭을 넘어선 초월과 구원이 됨을 알 수 있다. 이처럼 시인에게 주어진 시의 소재는 무궁무진한 자연이다.

시인이 자연에서 나타나는 현실을 시화詩化하고 미화할 수 있는 생활 현실을 오랫동안 경험하고 집중적으로 체험하는 과정에서 발견하는 지향점을 글로 표출하는 행위가 시인의 사명임을 입증하는 작품이다.

내 뒤에 선 그림자를 생각하라.

오만과 인색함의 그림자가 아니길 바란다면
겸손과 너그러운 그림자가 되길 원한다면
여름철 나무에게 배워라.

그림자가 아름다운 것은 나무에게 배워라.

-〈그림자가 아름다운 것은 나무에게 배워라〉 전문

〈그림자가 아름다운 것은 나무에게 배워라〉의 작품은 앞에서 언급한 〈새해에는 날더러 숲처럼 살라 하네〉의 교훈적 작품 형식을 따르고 있다. 1연의 "내 뒤에 선 그림자를 생각하라."는 '어떻게 살아야 하는가?'를 시적 자아에게 던지는 자기 각성의 표출이라고 본다.

2연에서는 '오만'과 '인색함'이 아닌 '겸손'과 너그러움'을 원하고 바란다면 '여름철 나무에게 배워라.'며 여름철 나무의 그림자 속성을 통해 타자에게 은근히 말하는 것처럼 보이지만 사실은 인간의 본성을 지키고자 하는 화자에게 던지는 화두로 보인다. 이것은 기독교인으로서 한봉수 시인의 체험화 된 삶의 방식이 구도求道의 정신세계로 자기 자신을 성찰하겠다는 의지의 발상으로 보인다.

헤라클레이토스의 말처럼 "자연은 자신에 대해 감추기를 좋아한다."라는 의미를 다시 상기시키는 대목으로 사계절 중 가장 울창한 여름 숲속에서 그림자로 가려질지도 모르는 진실의 아름다움을 찾는 이를 테면 진실의 방향성을 제시하는 것이라 할 수 있다.

위 시에서 화자는 일반적인 그림자의 부정성과는 달리 교훈적인 긍정적 사유를 나타내고 있음을 알 수 있다. 전라全裸의 풍성함을 숨긴 오만함과 인색함의 그림자 속성보다 오히려 겸손과 너그러움의 그림자를 찾으라는 메시지인 것이다. 자연에서 특히 나무라는 객관적 상관물을 통해 참된 인생을 끄집어내는 사유의 힘을 알고 있기 때문이며, 자연친화 속의 자기 각성인 것이다.

울창한 나무의 숲은, 하나의 나뭇잎이 흔들릴 때마다 그야말로 쏟아지는 축복이고 은총이다. 하지만 나무는 묵묵히 말한 마디 않고 뙤약볕 아래 서서 값진 그늘을 우리에게 제공해 준다. 여름철 시인이 말하는 나무 그림자의 속성은 뙤약볕 아래 목말라하는 우리에게 축복과 은총의 전라全裸를 보여주지 않고서도 겸손과 너그러움으로 우리에게 서늘한 그늘의 은총을 주고 있다는 사실을 인식하고 있다.

한편 성서에 나오는 그림자의 두 가지 관점도 생각해 보기로 하자. 하나는 긍정적 의미의 그림자로서 신神 안에 속한 그늘(그림자)은 피난처이고 요새이지만(긍정의 그림자) 다른 하나는 그분의 영광을 덮는 밖에 속한 그림자는 오히려 부끄러움을 숨기려는(부정적 의미) 그림자를 놓고 신의 영역에서 참진리의 아름다움을 배우라는 것이 아닐까?

3. 과거 지향성과 가족 사랑의 숭고미

첫 시집에서 보여주는 시들은 어려운 레토릭이나 비유, 현대시의 난제인 난해한 시들을 배척한다. 쉬운 언어와 짧은 작품들을 통해 자신이 각성하고자 하는 교훈적 이야기들을 편안한 음성으로 기록하고 있다. 물론 시란 함축과 고도의 상징성과 은유적 긴장 없이 작품이 만들어지는 것은 아니라고 생각한다. 한봉수 시인의 시 속에는 위에서 언급한 긴장 등이 많지는 않다고 볼 수는 있지만 그의 시 전편을 읽고 나면 가슴에 밀려오는 잔잔한 물결 같은 편안함과 때로는 가슴 시리는 따뜻한 이야기로 여운이 남는다.

한봉수 시인은 따듯한 마음을 가진 시인이자 문학평론가로 칼럼니스트로 언론인으로 많은 사회 활동과 함께 역사적 인식에 대한 관심도 남다르다. 특히 가족에 대한 관심과 사랑은 그의 시에서 읽히듯이 대단한 숭고로 다가온다.

숭고란 미학의 범주에 속하는 학문으로 철학자 장 프랑수아 리오타르Lyotard,Jean-François에 따르면 위대함을 나타내는 말로 지적·형이상학적·미적·정신적·예술적인 것을 포함한다고 한다. 즉, 주체가 수용할 수 없을 정도로 밀려드는 감각들로 인해 마음이 심하게 요동칠 때 얻어진다는 이론으로 개념적 힘의 가장자리를 표현하고 포스트모더니즘에서 다양성과 불안정성을 드러낸다는 것이다. 이러한 숭고에 내재된 위대함은 진리로 나아가는 힘이 있기에 가능하다는 것이다.

큰며느리는 넓다란 앞마당에 멍석을 깔고
일꾼들 불러서 일감 모으느라 분주하다.
할머니는 마당 텃밭 은밀한 비밀를 찾는 듯
숨겨 키운 참외며 토마토며 찾아 따 온다.

싸나운 땟거위들이 요란을 떨면
강아지들이 정신없이 쫓겨 다니고
참새 떼가 휘 날라들어 닭모이를 훔치면
할아버지는 그저 곰방대에 뻐꿈 뻐꿈.

할아버지는 손바닥 창으로 온마을도 보고 있는가.
밤나무골 채서방이며 뒷골 꼬맹이 이장 조카나
방앗간 조카며 방앗간 돌아가는 것도 알고 있다.
새벽에 누가 애낳고, 오늘은 누가 읍내 가는 것까지.
누구네 소나 돼지가 쌔끼 낳을 날짜도 꼽아 보면서……

할머니가 동네를 지팡이로 돈다.
애기 낳은 집엔 미역 한다발 쌀 반말 돌리며
집집 들러 들은 이야기들 전하나 보다.

할아버지는 마당을 보고 있지만
마음에도 손바닥 창이 있어
마을 구석 구석
사람 마음 마음
세상을 다 보는 듯하다.

할아버지가 보는 손바닥 창
어제도 오늘도
아마 내일도
할아버지는 그저 곰방대에 그려 그려.

-〈할아버지가 보는 손바닥 창〉 일부

시인은 정읍 북면 칠보산 끝자락 산세가 수려한 귀양실에서 태어나, 어릴적 전주에서 공부를 하기 위하여 태조의 영정을 보관한 경기전慶基殿 근처에 살며 오목대 한벽루 완산 칠봉 등을 호연지기 하며 자랐다. 시에서처럼 그가 유년기에 살았던 집을 중심으로 한 인적 공간에 대한 체험을 바탕으로 할아버지가 바라봤던 세상의 지혜를 그리워하고 있다.

"참새 떼가 휘 날라들어 닭모이를 훔치면/ 할아버지는 그저 곰방대에 뻐끔 뻐끔."이나 "할아버지는 마당을 보고 있지만/ 마음에도 손바닥 창이 있어/ 마을 구석 구석/ 사람 마음 마음 세상을 다 보는 듯하다." "할아버지는 그저 곰방대에 그려 그려."와 같이 한봉수 시인의 의식지향은 반 현실적 모습을 띠기도 하지만 그의 성정은 과거의 고향을 바라보고 있는 미적 관조자로 보인다. 이처럼 한봉수 시인에게 있어 고향과 가족은 자신을 낳고 길러준 은혜로운 곳이기도 하다.

다음 작품을 보도록 하자.

좁은 방 지친 벽시계 시간은 흐르고
수일 째 선풍기 바람은 그치지 않았는데
아버지의 숨이 멈추어 가신다.

찬송가 소리로 모두 높여 배웅드리며
복의 근원을 찾는 세계로 가시는 길은
땀 속에 눈물 속에 거친 숨소리로 깊어가나니.

그 저녁 무렵부터 새벽이 오기까지
육신의 만남과 헤어짐으로 다시 찾아가시는
아버지 천국의 여정은 그렇게 밝아 왔습니다

-〈1989년 7월 13일〉 전문

여기서 제목인 〈1989년 7월 13일〉은 아버지와의 이별이자 천국의 여정이 시작되는 날이다. 거대한 세상의 울창한 숲에서 마지막 아버지의 숨소리가 그가 살아왔던 바람과 함께 서서히 '먼곳'으로 떠나는 회한의 고백을 "그 저녁 무렵부터 새벽이 오기까지/ 육신의 만남과 헤어짐으로 다시 찾아가시는/ 아버지 천국의 여정은 그렇게 밝아 왔습니다." 지상에서 천상으로 향하는, 슬프지만 아름다운 이별로 승화시키고 있다.

하늘 길로 가신지 10년
어머니가 걷던 화산공원에 초록은 무성하고
모퉁이 도는 오솔길마다 아침이 소슬하다.

어머니 앉던 의자, 비어 있는 자리에
꽃이라도 한 송이 놓아둘까.
차마 무궁화 하얀 송이 꺾을 수 없어
꽃대만 앞당겨 가까이 대어 본다.

어머니가 머물던 손바닥 같은 꽃밭에
국화꽃 있던 자리 그대로인데
아직 구월이 되려면

장마와 무더위에 구름이 더 다듬어져야 해.
대신 어디서 달개비 꽃이 피어
보랏빛 이슬 맺어 쉽게 반긴다.

아카시아 나무 아래 느린 꽃향이 스친다
그 향기 숨을 들이키며 행복해 하던 어머니
서시던 그 자리에 내 발이 멈추고
몇 번이고 숨을 들이켜 본다.

〈어머니가 걷던 길〉 전문

앞의 시는 아버지에 대한 시인의 회한을 나타낸 시라면 위 시는 돌아가신 어머니가 걷던 길을 회상하는 어머니에 대한 그리움을 배경으로 하고 있다. 어머니가 살아 계시던 공간과 시간에 대한 동경으로 어머니에 대한 대리 대상으로 '의자' '무궁화' '국화' '달개비' '아카시아' 등을 통해 원초적 그리움을 스스로 정화하고 있다. 인간에게 어머니는 살아계실 때나 돌아가신 후에도 영원한 안식처이기 때문이다.

이처럼 혈맥血脈인 부모에 대한 시인의 반응을 알 수 있는 작품은 딸과 형수님에게서도 찾을 수 있다.

삶의 큰 행동에 옮기는 것은
마음 깊이 있는 영혼의 승인을 받길 바란다.

상아탑에서 쌓아온 지식보다도
너의 영혼이 가르쳐준 지혜와

무한한 상상력이 위대한 기도와 합할 때
훨씬 강력한 무기임을 알아야 한다.
그 힘이 너를 일순간 우뚝 일어 세울 것이다.

항상 선한 영향력을 주는 존재임을 알고
사람들의 좋은 점을 찾아 칭찬을 해 주되
너에게 너무 의존케 하면 안 된다.
마찬가지로 경청은 하되
사람에게 너무 의지해선 안 될 것이다.

왜냐하면
세상을 바꾸는 존재가 되는 비전 하나 보고
상아탑을 그토록 드나들고
왕복 고속철로를 오가면서 다짐해 온 그것,
진정한 목표를 찾아가야 하니까.

그건
언젠가 우뚝 서서 더 큰 의미를 주는 것이다.

–〈사랑하는 딸에게〉

'대학졸업을 축하하며'라는 부제가 붙은 이 작품은 그동안 학문을 갈고 닦아 대학을 졸업하고 사회의 초년생으로 발을 내딛는 딸에 대한 아버지의 사랑을 보여 주고 있다. 한봉수 시인의 남다른 가족에 대한 극진한 사랑의 가르침을 엿볼 수 있는 작품이다. "상아탑에서 쌓아온 지식보다도/ 너의 영혼이 가르쳐준 지혜와/ 무한한 상상력이 위대한 기도와 합할 때/ 훨씬 강력한 무기임을 알아야 한다./ 그 힘이 너를 일순간 우뚝 일어 세울 것이다.” ‘위대한 기도로 함께 할 때’란 직설적 화법으로 신앙인의 자세를 표출하고 있으며, 기도와 함께하는 조건적 삶은 매우 진실 되고 위대한 대상들을 성취할 수 있다는 교훈 적 가르침을 가져다주고 있다. “순결한 백색의 수틀에/ 한 땀 두 땀 십자수를 뜨시며/ 무슨 기도를 하셨나요?// 시인은 누이의 수틀 속에 꽃밭을 보듯/ 세상을 보자고 했는데// 형수님은/ 지난 세월을 곱게 새기어 왔듯/ 한 땀 두 땀 고운 형상 보시었나요? -〈십자수로 뜨신 선물〉 전문

기독교 용어를 표면으로 내세운 작품이다. 미당 서정주 시인의 ‘학’이란 시에서 차용한 “누이의 수틀 속에 꽃밭을 보듯” 세상을 보자고 했는데 형수님은 지난 세월 무슨 기도를 하시며 사셨는지에 대한 물음이다. 한 가족의 구성원으로 오랫동안 함께 살아온 형수님의 여정이 거짓의 삶이 아닌 수를 놓는 한 땀 한 땀에서 그분의 삶과 고난을 읽어 내려는 원숙한 시적 표현일 것이다. 이처럼 한봉수 시인의 가족과 사랑이 묻어나는 시에는 숭고가 내재되어 있어 독자들로 하여금 감동을 더해주는 힘이 주어짐을 알 수 있다.

4. 역사 인식과 인간적 표상

한봉수 시인은 60세 이후 최근 5년은 자신의 삶이 큰 축복

의 시간이었다고 말한다. 자신이 원하고 바라던 문학적 활동을 열정적으로 할 수 있었던 시기를 말하는 것이다. 이 말은 문학의 숭고한 정서를 통해 자신의 존재를 영롱하게 표현할 수 있다는 것에 대한 쾌락이라 생각한다.

우리는 나이를 먹으면서 과거에 우리들이 학습한 내용이나 배움이 가끔은 엉터리이었음을 느낄 때가 있다. 젊음이 한창일 때는 삐딱한 시선으로 세계를 바라보지만 나이가 들어 갈수록 삐딱함의 시선은 긍정과 순응의 자세로 전환됨을 느낀다. 제3부에 나타난 시인의 역사 인식이나 가족에 대한 인간적 표상들을 읽어보자.

홍쿠우 육삼정 피끓는 절기는
무덤 위 무궁화로 희고도 붉게 피어났으니

- 중략 -

오로지 괴수 원흉 가슴에 칼 하나 꽂고자
흑색공포탄을 대륙에서 쏘아 대니
한 발은 자유
한 발은 평등
한 발은 평화
세계는 일가로
내 조국에 푸르른 바람이여

구국 3의사 피맺친 혼들이여
칠월 열사의 바람으로 부는데
구파 무덤 위 한 송이 무궁화는
붉고도 희게 새로 피는가
붉고도 희게 새로 피는가!

-〈구파 무덤 위에 무궁화 한 송이 놓으며〉 - 백정기 의사(白貞基 義士) 추모

이 글을 쓰고 있는 시간이 공교롭게도 제103주년을 맞는 삼일절 아침이다. 윤봉길·이봉창·백정기 의사의 독립활동에 대한 이야기들이 많은 매스컴을 통해 조명되는 시간이기도 하다.

일제강점기 시절 식민지 체제에서 빚어지는 민족적 핍박과 수탈에서 벗어나 더 큰 민족의 독립을 몸으로 울부짖었던 1896년에 전라북도 부안 출신의 독립 운동가이다. 백정기 의사의 독립운동에 관한 자세한 이야기는 많은 관련 내용들이 이미 알려져 있고 인터넷 상에서 찾아볼 수 있기 때문에 논고는 생략하고자 한다.

한봉수 시인의 고향인 전북 정읍과 백정기 의사의 출생지 부안은 인접지역이다. 이러한 그의 역사 인식은 향토의식으로 지향점을 찾고 있는 일 중의 하나일 것이다. 실제로 한봉수 시인은 몇 년 전 〈후백제 시민연대〉를 출범시켜 고향의 지리적 과거의 시간 찾기에 그 뿌리를 두고 향토의 유물이나 유적 등에 대한 관심으로 사물과 역사를 입체적으로 통찰하는 미래의

성장 동력을 얻어내고자 성심을 다하고 있다. 자신의 고향인 지역을 통해 미래의 시간을 읽어 내고자 하는 것이다.

"견훤대왕이여,/ 순천만 마로에서 깃발을 달려/ 무진주에서 선언한 그대의 언어는/ 미륵정토 이 완산 땅에 뿌려져/ 혁명의 씨앗이 되었구려.// 오백 년 후/ 그대의 산성에서 뻗어난 발리산을 타고/ 청년의 팔뚝 같은 힘줄에 피가 돌아/ 이목과 오목을 타고 내려/ 아, 완전한 땅 정수리에 꽃 피우리. -〈동고산성〉 후백제 견훤의 꿈을 엿보다 5~6연

시인의 이러한 역사 인식은 아래의 시에서도 읽을 수 있다.

보라

광야에서 외쳤던 그들의 소리가
이 땅에 길들을 내고

하늘에 올라 있던 그들의 눈물은
이 땅에 강물로 흐르네

그날 매였던 시인들이 돌아오리라
백년 목마른 그 붓을 높이 들라.

-〈그날 매였던 시인들이 돌아오리라〉 전문

일제강점기에는 물론 분단기에 고국을 떠나 타국에서 밤하늘의 별을 바라보며 독립을 외치던 무명이었던 유명이었던 그

들의 존재를 소환하고 있다. "광야에서 외쳤던 그들의 소리가/ 이 땅에 길들을 내고(2연)// 하늘에 올라 있던 그들의 눈물은/ 이 땅에 강물로 흐르네(3연)// 그날 매였던 시인들이 돌아오리라/ 백년 목마른 그 붓을 높이 들라.(4연)" 이 시는 타국에 존재하는 그들의 공간을 무한정 확장시키고 있다고 볼 수 있다.

타국에 흩어져 해방의 기쁨도 느껴보지 못한 채 고독하게 살다가 생을 마감하거나 일제의 만행과 고문으로 운명을 달리해야 했던 시인들의 존재를 생각하며 그들이 남기고 간 고통의 언어와 아름다운 수난의 열정들이 작품으로 현재의 자유로운 조국의 땅에 모두 돌아오기를 바라는 시인의 역사 인식을 엿볼 수 있다.

다음 작품을 보도록 하자

- 생략-

그런 때마다
얼굴을 꼭 그리어 본다.
삼십여 년 보며 살아 어련할 것 같지만
아직도 슬며시 들여 보아야만 살아가니?

눈빛과
웃을 때 움직이는 입가 주름들

살며시 사진을 넓히며 본다.

그냥 그런가 보다 하고 지나는 때가 없다.

내 반쪽.

-〈반쪽〉 일부

위 시 〈반쪽〉이 상징하는 의미는 지금까지 함께 치열하게 살아온 가족(부부)애에 대한 화자의 마음을 은근히 보여주고 있다. 앞에서 언급한 과거 지향성과 가족 사랑의 숭고미와도 연결되는 작품이지만 시인이 분류한 1~4부로 나누어 놓은 텍스트 성향의 분류에 따라 감상하다 보니 여기서 다뤄지게 되었다. 시인의 시에 대한 발상이 재미있은 것은 사진을 넓히며 바라보는 느낌을 말하는 것이다. "눈빛과/ 웃을 때 움직이는 입가 주름들/ 살며시 사진을 넓히며 본다."(3연) 살며시 사진을 넓히며 본다는 것, 그것은 외형의 형태가 아니라 그동안 함께 살아온 역경의 주름을 웃을 때 움직이는 주름들로 환치한다. 그러면서 "그냥 그런가 보다 하고 지나는 때가 없다."(4연)는 말로 반쪽에 대한 관심을 분명하게 보이고 있다. 이는 화자의 복합적인 감정의 발로이며 지금까지 어렵게 가정과 가족을 위해 희생한 반쪽에 대한 순수한 인간적 표상이이라 볼 수 있다.

그런가 하면 인연을 다하고 세상을 떠나는 친구의 슬픔을 보여 주는 작품도 있다. 친구의 인연에 대한 질긴 파장으로 이어지고 있다.

서산에는 해 넘어
선분홍 물들어 갈 때

연꽃 만나려 가는 바람같이
떠난 친구여

초복 더위에
연꽃이 피고 바람이 불면

친구가 시 읊는가
눈감아 볼거나
-〈연꽃이 피고〉

위 시는 세상을 앞서간 친구에 대한 애상哀喪을 그리며 연꽃의 피어남이 친구로 환생하는 자연의 섭리를 형상화하고 있다.

노을이 아름다운 서녘의 방향성에 가까워지고 있는 60대 중반을 넘어선 시인의 주변은 하루하루가 남다를 것이다. 모든 것을 내려놓는 "여운이 있는 삶이 되려면/ 힘은 좀 빼야겠다."-〈예순 지나 공원에서〉 3연, 처럼 자신의 인생을 깨닫는 시기이며, 기쁜 일보다는 쓸쓸한 일들 많이 일어나는 시간의 구간이다. "빈자리가/ 기운 달처럼/ 자꾸 따라 오네."-〈빈자리〉5연, 〈삶의 강가에서〉 〈상여喪輿길〉 등의 작품에서도 죽음에 대한 관념의 시간을 이야기하고 있다.

5. 관조의 세계와 구원의 서정

시를 쓰면서 시적 긴장이나 함축을 찾아가는 일은 힘들고 어려운 일이다. 시는 자신에 대한 각성을 은유적으로 표현하는 세계이다. 그래서 시는 어렵고 아름다운 것이 아닐까 생각을 해 본다. 쉽고 평이하게 형상화된 표현이라도 좋은 시가 될 수는 있다. 하지만 훌륭한 시가 될 수는 없는 것이다. 시는 고도의 응축된 상징과 은유적 언어들로 형상화되어야만 한다는 실재가 따르기 때문이다.

운율을 무시하는 산문시와 현대시라는 이름하에 난해하고 헛갈리는 기법이 난무하는 시대에 한봉수 시인이 구사하는 시들은 관념적인 요소는 많지만 그가 선택한 시어들은 리듬을 탈 줄 안다. 시인이 시어 하나를 선택하기 위해서 얼마나 고심했는지를 알 수가 있다. 텁텁하면서도 시원한 막걸리를 좋아하는 시인의 성품처럼 순수함으로 시 쓰기를 마음속에 영원히 간직하고자 하는 시인의 정신은 매우 아름답게 다가온다.

연꽃은 만발한데
희미하게 보일뿐

다만
바람에 꽃향이 스치니

연꽃 만나고 가는 바람같이
마음에 향만 담아 오네.

-〈두물머리 여름밤〉 전문

두물머리는 북한강과 남한강이 만나는 지점으로 한자로 하면 '兩水里'라 하는 곳이다. 보통은 양수리로 널리 알려진 곳이며 자연 경관이 매우 아름다운 곳이다. 주변에는 2004년도에 문을 연 지방공원인 세미원이 자리 잡고 있다. 항상 여름이면 연꽃 축제로 수많은 인파가 몰리는 곳이기도 하다. 觀水洗心(꽃을 보며 마음을 씻고) 觀花美心(꽃을 보며 마음을 아름답게 하라)는 뜻이 담겨 있다는 명소이다.

위 시에서 연꽃을 관조하는 화자의 마음이 소슬하다~라는 걸 읽을 수 있다. "연꽃은 만발한데/ 희미하게 보일뿐"-(1연)처럼 연꽃이 만발한데 희미하게 보인다는 것은 역설적 표현으로 화자의 마음을 잘 드러낸 대목이다. 진흙탕 속에서 뿌리를 박고 자라지만 그 꽃과 잎은 진흙탕에 물들지 않는다는 말처럼 세상에서 산자로서 경험할 수 없는 그 무엇에 대한 현상들을 바라보는 시적인 내면일 것이다. "바람에 꽃향이 스치니"(2연) "마음에 향만 담아 오네."(3연)처럼 계향충만戒香充滿의 의미를 담고 있지만 그 내면은 공허함을 느낄 수 있다.

동진과 만경의 물결 소리와
지평선부터 솟아난 대지의 기운,
당차게 자라난 만금의 이삭들.

어머니의 드넓은 팔아름에
구름에 파도치는 태양의 작렬,
모질게 커온 대지의 생명들.

오,
우주가 완성하는 산이여.

-〈모악산(母岳山)〉전문

시인은 틈만 나면 자연과 교감하기 위해 산으로 들로 또는 역사유적지를 찾아 나선다. 위 시의 모악산은 전라북도의 호남평야에 우뚝 솟아 있는 산으로 많은 전국의 사람들이 즐겨 찾는 산으로도 유명하다. 화자는 모악산에 올라 바라보이는 만경강과 동진강의 물결소리와 평야에서 자라나는 이삭들과(1연), 어머니의 팔아름에 모질게 커온 대지의 생명들(2연)을 바라보며 모악산의 정기를 하나로 모아 꿈꾸었던 후백제의 역사적 멸망과 흥망성쇠를 생각한다. "오/ 우주가 완성하는 산이여"(3연)의 표현처럼 모악산을 살아 움직이는 역동적 존재로 전환시키고 있다. 이러한 그의 시세계는 자연에 대한 관조와 구원의 서정으로 이어진다.

이 외에도 그의 신앙적 소재를 가지고 있는 〈하와의 독백〉 〈라합의 고백〉과 함께 자신의 우주관이 담긴 단테의 신곡을 모티브로 한 〈베아트리체 만나는 단테-신곡 연옥편 제30곡〉, 〈레테의 강을 건넌 단테-신곡 연옥편 제31곡〉, 〈엠피레오로 이끄는 여인-신곡 천국편 제1곡〉, 〈단테 알리기에리의 노래-신곡 천국편 제2곡〉 등의 작품들을 통해 대학 때 못 읽은 단테의 신곡을 정독하며 문학세계로의 귀향은 오늘 첫 시집을 탄생시키는 결과를 가져 오게 하였다. 단테의 신곡은 지옥, 연옥, 천국편으로 구성된 작품이다. 이 작품은 간단히 말해 숲속을 방황하던 단테가 시인 베르길리우스와 사랑하는 베아트리체의 안내를 받아 지옥과 연옥을 여행하다가 천국편에 이르는 여정을 다루고 있는 세기의 명작이다.

6. 나가며

차가운 기운을 데우며 피어나는 봄꽃에서 우리는 작은 우주라는 인생을 본다. 무성한 자연의 비명 같은 생명의 소리를 듣는 시인은 고독해야 한다. 시를 바라보는 시안詩眼과 귀로들을 수 있는 시청詩廳, 내면에서 상상을 일으키는 시심詩心이 그것이다.

한봉수 시인의 첫 시집을 감상하면서 시가 지니고 있는 매력은 무엇일까를 생각해 보았다.

지구상에 존재하는 모든 사물과 인간은 안과 밖이 존재한다. 그러나 이러한 것들을 보면 안과 밖은 본질적인 한계성을 지니고 있음이다. 인간 역시 이러한 자연의 법칙에서 벗어날 수 없음을 의미한다. 그러니까 진실은 눈으로 보이는 것이나 귀로 듣는 것만이 전부가 아니라 진실하지 않는 것으로부터 진실이 만들어진다는 역설을 통해 화자의 깊은 참 정신을 읽을 수 있다.

그의 시에는 긴장과 함축이 그리 많지는 않다. 그럼에도 그의 시가 마음에 남는 것은 현실세계에서 나타나는 욕망과 결핍의 문제, 부자유, 폭력, 죽음 등에 대한 문제의식보다는 저녁노을이 곱게 흐르고 별빛이 산야를 다스리는 아름다운 순응의 세상을 꿈꾸는 일이기에 그렇다는 말이다. 이러한 그의 시작 태도는 일상에서 우리들이 쉽게 만날 수 있는 일들을 서두르지 않으면서도 차분하고 낮은 자세로 노래하는 것과, 시 속에 나타나는 선험적 삶과 각성의 길이 성숙의 길로 향하며 가족과 친구의 사랑은 숭고를 넘어 구원으로 귀결되는 수식 없는 삶들을 시적으로 승화하고 있다는 것이다. 한봉수 시인의 다음 시집을 기대한다.

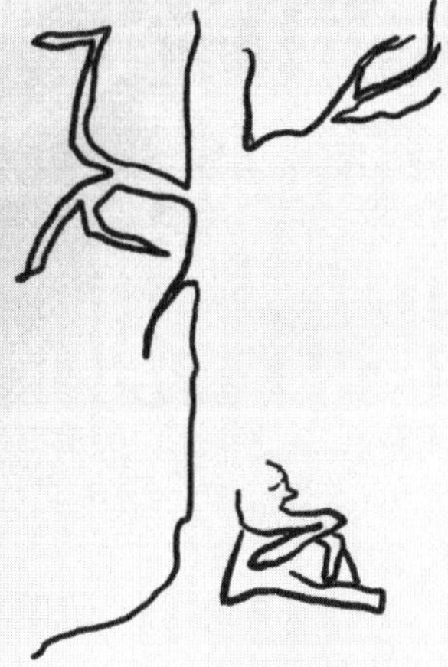